Mein
WAS IST WAS
ADVENTS KALENDER BUCH

Geschrieben von Florian Kinast

TESSLOFF

Liebe Weihnachtsfreundin,
lieber Weihnachtsfreund,

es sind nur noch wenige Wochen bis Heiligabend –
und wie im vergangenen Jahr wollen wir dir auch jetzt wieder
mit einem Adventskalenderbuch die Wartezeit bis zur Bescherung
verkürzen. An jedem Tag bis zum 24. Dezember findest du
eine interessante und unterhaltsame Geschichte.
Mit erstaunlichen Fakten und unglaublichen Rekorden,
mit Geschichten vom Christkind und vom Weihnachtsmann,
mit kuriosen Festtagsbräuchen aus aller Welt – und aus dem Weltraum.
Viel Spaß bei der Lektüre!
Und dann ein schönes Weihnachtsfest!

Los geht's!

1

Wie kam der
Weihnachtsbaum
in unser
Wohnzimmer?

Lorbeerzweige

Es ist jedes Jahr zu Heiligabend einer der schönsten Momente: Wenn der festlich geschmückte Baum hell erstrahlt. Aber warum stellen wir uns überhaupt einen Baum ins Zimmer? Was hat das mit der Geburt von Jesus zu tun?

Im Evangelium in der Bibel ist von einem Baum im Stall von Bethlehem schließlich genauso wenig die Rede wie von Ochs und Esel (siehe 4. Dezember). Einen Hinweis findet man allerdings im Koran. Als Maryam (arabisch für die Jesusmutter Maria) von den Wehen überrascht wird, bringt sie im Schatten einer Palme ihren Sohn zur Welt. Aber ist das der Ursprung unseres Weihnachts-baums? Wohl eher nicht.

Zum Schutz vor Geistern

Vermutlich hat es eher mit einem Brauch in älteren Kulturen zu tun. So hängten sich die Menschen im alten Rom zur Wintersonnenwende Lorbeerzweige in ihr Haus, um damit ihren Sonnengott Mithras zu ehren. Auch im kalten, dunklen Germanien schmückte man die Wohnung mit Tannenzweigen: zum Schutz vor bösen Geistern und damit die grünen Nadeln Hoffnung auf die baldige Wiederkehr des Frühlings verbreiten.

Der erste christliche Bezug findet sich im Mittelalter. Um während der Predigt die Erzählung aus dem biblischen Paradies zu verdeutlichen, stellten damals wohl viele Pfarrer einen grünen Tannen- oder Fichten-baum neben den Altar. Damit woll-ten sie den Baum der Erkenntnis symbolisieren, von dem Adam und Eva schließlich eine der verbotenen Früchte aßen. In der Bibel waren diese Früchte ursprünglich noch Feigen, ab dem 2. Jahrhundert setzte sich in der darstellenden Kunst der Apfel durch. Und genau mit solchen roten Äpfeln behängten die Priester

Wie im Paradies
Die Geschichte von Adam, Eva und dem Apfel: Vorbild für den Weihnachtsbaum und seine Kugeln.

Selber Sägen
Auf Plantagen kann man sich seinen eigenen Christbaum schlagen.

im Mittelalter schließlich die Bäume und schufen somit die ersten geschmückten Tannen des Christentums.

Vermutlich war es ein Zusammenspiel aller Faktoren, dass der Weihnachtsbaum allmählich bei uns Wurzeln schlug. Ab dem 18. Jahrhundert zierten dann durch Kerzenlicht erleuchtete Bäume die Wohnzimmer – heute gehören sie zur festen Tradition.

Jährlich 29 Millionen Bäume

Inzwischen werden in Deutschland jährlich mehr als 29 Millionen Bäume zu Weihnachten verkauft. Wer möchte, kann sich mit einer Axt einen Baum auch selbst schlagen. Dafür gibt es im ganzen Land viele eigene Plantagen. Mit neun Jahren haben Bäume das perfekte Alter für einen Weihnachtsbaum. Wie groß sie werden, ob 1,50 Meter oder über zwei Meter, darüber entscheidet auch die Lage. Je mehr Sonnenlicht die Bäume in ihrer Wachstumsphase

abbekommen, desto größer werden sie. In ihren rund zehn Jahren Lebenszeit speichert eine Tanne übrigens 15 Kilo Kohlendioxid und produziert gleichzeitig zwölf Liter Sauerstoff. Dazu säubert sie 230 Kubikmeter Luft und filtert Bakterien und Schadstoffe heraus. Die Tanne, ein Staubsauger und Klimaschoner - und später ein wunderschöner Weihnachtsbaum.

Schon gewusst?

Über die Zeile »Wie treu sind deine Blätter« aus dem Weihnachtslied »O Tannenbaum« haben sich bestimmt schon viele gewundert. Rein botanisch gesehen, zählen bei einem Baum auch Nadeln als Blätter. Schließlich betreiben auch sie Photosynthese und versorgen die Pflanze so mit Energie.

POST VOM CHRISTKIND
51777 ENGELSKIRCHEN

Welche Adresse hat das Christkind?

2

Ausschließlich für Wunschbriefe

An das Christkind
51777 Engelskirchen

Tägliche Leerung

Und ab die Post!
Briefe an Christkind und Nikolaus: In Deutschland gibt es sieben Weihnachts-postfilialen.

Volle Kiste
Jedes Jahr treffen 150 000 Briefe beim Christkind ein.

Der Briefkasten ist jedes Jahr restlos überfüllt: und das bereits Mitte November, wenn das Christkind wieder seine Arbeit aufnimmt – in der Christkindpost-filiale im nordrhein-westfälischen Engelskirchen.

St. Nikolaus und Himmelpfort

Sieben Weihnachtsfilialen hat die Deutsche Post mittlerweile. Wer dem Nikolaus schreiben möchte, schickt seine Karte etwa an den Nikolaus-platz, 66351 St. Nikolaus. Der Weihnachtsmann ist erreichbar unter 16798 Himmelpfort. Alle Adressen findest du auf der Homepage der Post, wenn ihr nach »Weihnachtspostfiliale« sucht.

Die Geschichte mit dem weihnachtli-chen Postamt in Engelskirchen begann 1985. Damals fanden Mitarbeite-rinnen und Mitarbeiter der Post beim Sortieren immer öfter Briefe mit der Adresse »An das Christkind bei den Engeln«. Weil es natürlich schwierig war, die frankierten Sendungen nach oben in den Himmel zuzustellen, kam den Postangestellten eine glän-zende Idee. Als das Christkind an Weihnachten mal wieder in der Ge-gend war, fragten sie es, ob es sich in den sechs Wochen vor Heiligabend nicht dort im Bergischen Land öst-

Hohohooo ...

lich von Köln niederlassen möchte.
In der Gemeinde Engelskirchen, denn
passend zum Ortsnamen würden
sie alle ans Christkind adressierten
Briefe genau dort in der Postfiliale
sammeln.

150 000 Briefe aus der ganzen Welt

Und so kam es dann auch. Mit den
Jahren sprach es sich herum, wo das
Christkind in der Vorweihnachtszeit
seinen Stützpunkt hat. Und so sind
es inzwischen fast 150 000 Briefe,
die aus rund 50 Ländern auf der ganzen Welt jedes Jahr in Engelskirchen
eintreffen. Von Chile bis Malaysia,
von Thailand bis Brasilien, von China
bis Neuseeland.

Weil das Christkind ja alle Kinder
überall auf der Erde versteht, ant-
wortet es auf jeden Brief auch immer in der jeweiligen Sprache. Auch
in Blindenschrift! Für Kinder in Will-
kommensklassen gibt es dazu QR-
Codes, über die Übersetzungen in
Englisch, Französisch und Ukrainisch
abgerufen werden können.

Santa Claus Village

Auf zur Elfenakademie!

Den Weihnachtsmann kann man
das ganze Jahr über in seinem
Büro in Finnland für ein kurzes
Gespräch und ein Erinnerungs-
foto besuchen. Und nicht nur ihn.
Im Santa Claus Village gibt es
eine kleine Farm mit Schafen
und Alpakas, Kaninchen, Ponys
und Eseln, eine Elfenakademie
zum Studium von altem Elfen-
handwerk bis hin zu Safari-
Ausflügen mit Rentieren und
Huskys. Und ein Postamt
gibt es auch. Zum Verschicken
von Festtagswünschen.
Mit besten Grüßen vom
Weihnachtsmann.

3

Warum schmücken wir den Christbaum?

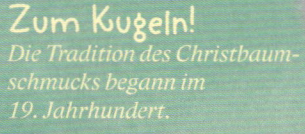

Zum Kugeln!
Die Tradition des Christbaum-schmucks begann im 19. Jahrhundert.

Früher war mehr Lametta: Mit dieser Redewendung möchte man ausdrücken, dass früher alles besser war. Ob das stimmt, ist Ansichtssache. Richtig aber ist, dass im wörtlichen Sinne früher tatsächlich mehr Lametta war: an den Zweigen des Weihnachtsbaums.

Erfunden wurde das Lametta als Weihnachtsschmuck laut überein-stimmenden Quellen 1878 in Nürnberg. Es sollte – in seinen dünnen Fäden über die Äste der Tanne gehängt – an Eiszapfen erinnern oder aussehen wie das Haar eines Engels. Der Begriff stammt übrigens als Ver-kleinerungsform vom italienischen »lama«, übersetzt: Metallblatt. Und darin liegt schon das Problem. Denn die Lamettastreifen bestanden aus gewalztem Stanniol, also aus Blei oder auch aus Zinn. Und damit aus Schwermetall, was wiederum schwer gefährlich für Gesundheit und Umwelt war, wenn die Fäden wochenlang in der Wohnung hingen und dann mit dem Hausmüll entsorgt wurden.

Zehn Elefanten aus Lametta

Eine wahre Lamettahochburg war mehr als 100 Jahre lang das fränkische Roth. In manchen Jahren wurden hier 50 Tonnen der Silberfäden produziert – das Gewicht von etwa zehn Elefanten. Auch wegen der gesundheitlichen Bedenken ging die Nachfrage immer weiter zurück, 2015 stellte der letzte Betrieb die Lamettaproduktion ein. Wenn heute noch silbrige oder bunte Fäden an den Zweigen hängen, dann bestehen sie in der Regel aus Kunststoff. Aus Gründen der Nachhaltigkeit ist es sinnvoll, sie beim Abräumen des Baums nicht wegzuwerfen, sondern sie sachte in Papier einzuwickeln und zum nächsten Weihnachten wieder aufzuhängen.

Die Kugel als Weihnachtsschmuck ist übrigens noch älter als das Lametta – und hat ihren Ursprung ebenfalls in Deutschland. Und das kam so: In der Mitte des 19. Jahrhunderts war es in wohlhabenden Familien üblich, den

Weihnachtsbaum mit teuren Walnüssen oder kandierten Äpfeln zu verzieren. Etwas, was sich die verarmte Bevölkerung im Thüringer Wald nicht leisten konnte. So kam ein Glasbläser in der Ortschaft Lauscha auf die Idee, als Ersatz in runder Form Äpfel und Nüsse aus Glas herzustellen und diese an den Baum zu hängen.

Von Thüringen nach Amerika

Um 1880 erkannte der amerikanische Kaufhausgründer Frank Woolworth eine Marktnische und ließ sich die bis dahin in den USA unbekannte Ware aus Deutschland liefern. Die »glitter balls« verkaufte er in seinem Laden für stolze 25 Dollar das Stück. Heute werden Christbaumkugeln überall auf der Welt hergestellt, von den USA über China bis Australien. Ihre Wiege bleibt aber eine Stadt in Thüringen, in der man noch heute Kugeln bläst und in der man einiges erfahren kann über die Geschichte der Baumkugeln: im Museum für Glaskunst Lauscha.

Funny Fact

2009 formten Glaskünstler aus dem bayerischen Bodenmais die nach eigenen Angaben größte mundgeblasene Christbaumkugel der Welt: mit einem Durchmesser von 60 Zentimetern und fünf Kilo Gewicht. Einen Eintrag ins Guinnessbuch der Rekorde sicherte sich 2018 die – industriell hergestellte – Mega-Kugel in einer Shopping Mall in Dubai. Mit 4,68 Metern und einem Gewicht von 1 100 Kilo. Sollte man besser nicht an einen Baum hängen.

So eine Nuss!
Früher schmückte man den Christbaum auch mit Nüssen und Äpfeln.

Warum stehen Ochs und Esel in der Krippe?

4

Stammgäste in der jährlichen Weihnachtskrippe: Ochs und Esel

4

Falls ihr bei euch zu Hause eine Krippe unter dem Weihnachtsbaum stehen habt, dann gehören sie natürlich dazu: Ochs und Esel, die hinter Maria, Josef und dem neugeborenen Jesus mit im Stall stehen und die seit Jahrhunderten als festes Inventar gelten. Die Frage ist nur: warum eigentlich?

In der Bibel geht es im Lukas-Evangelium ausführlich um das Leben von Jesus: von seiner Geburt bis zur Himmelfahrt. Doch bei der Beschreibung des Stalls von Bethlehem ist nur von einer Futterkrippe zu lesen, in der der in Windeln gewickelte Heiland liegt. Und auch von Hirten ist die Rede. Aber nichts steht geschrieben von einem Ochsen und einem Esel. Wurden die beiden Tiere also nur irgendwann als Beiwerk dazugestellt?

Die Worte des Propheten

Auf der Suche nach der Antwort muss man noch viel weiter in die Vergangenheit reisen. Ins Alte Testament. Dort spricht der Prophet Jesaja bereits 700 Jahre vor Christus von der Geburt eines Königs, der den Menschen Weisheit und Frieden bringen wird. In diesem Zusammenhang nennt Jesaja auch zwei Tiere, die anders als die Menschen wüssten, wo sie hingehören: »Ein Ochse erkennt seinen Besitzer und ein Esel die Krippe seines Herrn.« So als wären Ochs und Esel klüger als die Menschen und würden den angekündigten Messias gleich nach dessen Geburt als den Erlöser der Welt erkennen.

Ochs und Esel auf den Knien

Das früheste Dokument von Ochs und Esel nach Christi Geburt liefert ein Sarkophag aus dem späten 4. Jahrhundert in einer Mailänder Kirche (Sant' Ambrogio). Dort knien links ein Ochse und rechts ein Esel neben dem Jesuskindlein im Stall. Von Maria und Josef keine Spur. Vermutlich entscheidend für die Darstellung der heutigen Weihnachtskrippen wurde das sogenannte Pseudo-Matthäus-Evangelium, das um 600 bis 625 nach Jesu Geburt in Bethlehem entstand und das die biblischen Evangelien recht frei interpretierte. Demnach gebar Maria ihren Jesus in einer Höhle. »Am dritten Tag nach der Geburt des Herrn verließ Maria die Höhle und ging in einen Stall«, heißt es dort. »Sie legte den Knaben in eine Krippe, und ein Ochse und ein Esel beteten ihn an.«

Das besagte Pseudo-Evangelium wurde zwar nicht offiziell als Teil der Bibel angesehen, aber es hatte großen Einfluss auf das christliche Denken und auf die religiöse Kunst der kommenden Jahrhunderte – und damit auch bis heute.

Caspar

Melchior

Balthasar

Kölns Könige

Ihre letzte Ruhe fanden die Heiligen Drei Könige im Kölner Dom! Im Jahr 1164 brachte Erzbischof Rainald von Dassel die Gebeine von Caspar, Melchior und Balthasar aus Mailand dorthin. Die Knochen kamen in einen zwei Meter breiten und eineinhalb Meter hohen Schrein, der noch heute dort zu sehen ist. Auch die drei Kronen im Kölner Stadtwappen sind ein Hinweis auf die Heiligen Drei Könige.

Warum gibt es Weihnachtsmärkte?

5

Da geht uns ein Licht auf: Weihnachtsmärkte, hell erleuchtet.

Hibiya koen

Der Duft von gebrannten Mandeln, Buden mit buntem Christbaumschmuck und handgeschnitzten Krippenfiguren, Stände mit Crêpes und Bratwurst. Dazu weihnachtliche Blasmusik und Chorgesang. Und an manchen Orten inzwischen auch Eislaufbahnen oder ein Karussell. Ein Dezember ohne Weihnachtsmarkt ist so wenig vorstellbar wie ein Adventskalender ohne Türchen und ein Nikolaus ohne Bart. Mehr als 2 500 Vorweihnachtsmärkte gibt es mittlerweile in ganz Deutschland.

Christmas Market und Hibiya koen

Die Weihnachtsmärkte erfreuen sich inzwischen überall auf der Welt großer Beliebtheit, ob in Sydney, London oder New York. Oft heißen sie dann »German Christmas Market« oder wie in Chicago auch »Christkindlmarket«. Oder wie im englischen Birmingham »Frankfurt Christmas Market«. Und auf dem »Hibiya koen«, dem Weihnachtsmarkt von Tokio, ist die Hauptattraktion eine 14 Meter hohe und sich drehende Original-Weihnachtspyramide aus dem Erzgebirge. Deutschland gilt also als Wiege dieses beliebten Adventsrituals: in den Wochen vor Heiligabend dick eingepackt durch Budenstraßen zu bummeln und sich mit Glühwein und Kinderpunsch zu wärmen.

Der Wiener Dezembermarkt

Die erste Erwähnung findet sich im Jahr 1296 in Wien. Damals erteilte Herzog Albrecht I. den Händlern der Stadt das Privileg, einen »Dezembermarkt« durchzuführen - statt als lustiger Freizeitspaß war das als

Mahlzeit
Die Bratwurstsemmel ist auf Weihnachtsmärkten ein kulinarischer Klassiker.

5

Versorgung der Bevölkerung mit den nötigsten Lebensmitteln gedacht. Ähnlich war es 1384 im sächsischen Bautzen, als König Wenzel den städtischen Metzgern das Recht verlieh, vor Weihnachten einen Fleischmarkt abzuhalten. Den Dresdner Striezelmarkt gibt es zwar erst seit 1434, doch anders als der nur in einer Chronik erwähnte Markt von Bautzen beruft sich Dresden auf einen hochoffiziellen urkundlichen Vermerk und rühmt sich daher, der älteste Weihnachtsmarkt zu sein. Einer der heute bekanntesten Märkte gründete sich 1628: der Nürnberger »Christkindleinsmarck«. Er hat eine Besucherzahl von rund 2,5 Millionen Menschen pro Jahr. Noch mehr Zulauf hat der Wiener Weihnachtsmarkt am Rathausplatz, der heute mit drei Millionen Gästen jährlich als einer der weltweit größten gilt.

Funny Fact

In Karlsruhe gibt es seit einigen Jahren einen eigenen Weihnachtsmarkt für Hunde. Die Vierbeiner dürfen sich dort über eine breite Auswahl an Tierfutter, Flauschdecken und lustigem Hundespielzeug freuen. Außerdem schaut dort auch immer der Weihnachtsmann vorbei. Standesgemäß natürlich nicht mit einem Rentier-, sondern auf einem Hundeschlitten.

6

Wer hilft dem
Weihnachtsmann?

Nein, persönlich getroffen hat Stefan Dößereck den Weihnachtsmann noch nie. Und das, obwohl er schon seit fast 30 Jahren für ihn arbeitet und als einer seiner treuen Helfer mittlerweile 4 000 Auftritte mit weißem Bart und rotem Kostüm hinter sich gebracht hat. Aber dass es ihn wirklich gibt, daran glaubt der 56-jährige Kölner ganz fest.

140 Auftritte hat Stefan im Jahr. In Kaufhäusern und auf Christkindlmärkten, bei Weihnachtsfeiern von Firmen oder privat bei Familien. Wie er an all die Informationen kommt, die er dabei den Kindern aus dem Goldenen Buch vorliest, das ist sein ganz persönliches Betriebsgeheimnis. Obwohl er so viel Routine hat, ist doch jeder Auftritt wieder neu, ganz besonders und manchmal auch sehr überraschend.

Da war auch der Weihnachtsmann gerührt

Einmal besuchte er die vierte Klasse einer Grundschule, als ein zehnjähriger Knirps mit einem NASA-Shirt auf ihn zuging und meinte: »Ich weiß es ganz genau, du bist gar nicht der Weihnachtsmann, den gibt es ja gar nicht.«

Worauf der kostümierte Stefan schlagfertig erwiderte: »Aber du bist ja auch kein Astronaut.« Ein anderes Mal warf er das Skript über den Haufen, als er bei einer Familie im Wohnzimmer stand und ihm das Goldene Buch empfahl, die siebenjährige Tochter zu tadeln. Schließlich habe sie nie gefolgt und ihre Eltern oft geärgert. Doch dann bat das Mädchen darum, ein Gedicht aufsagen zu dürfen, das es auswendig gelernt hatte und fehlerfrei vortrug. Und Stefan war so gerührt, dass es für das Kind nur Lob gab und er sich das Geschimpfe sparte.

Immer wieder kommen auch Eltern kurz vor einem Auftritt noch zu ihm und bitten ihn um bestimmte Ansagen an das Kind. Ob er das auch so weitergibt, entscheidet ganz alleine er selbst. Einmal wünschte sich eine Mutter, er möge dem sechsjährigen Sohn mitteilen, dass er nachts nicht mehr in die Hose machen soll. Das war dann etwas, was der Weihnachtsmann Stefan ablehnte – zumal der Auftritt auf der Geburtstagsparty des Jungen stattfand. »Und so etwas vor all seinen Freunden zu sagen und ihn bloßzustellen, das geht natürlich gar nicht«, sagt Stefan. »Ein totales No-Go«,

Idealmaße für einen Weihnachtsmann

Dass Stefan mit den Jahren übrigens in jeder Hinsicht in seine Rolle hineinwuchs, belegen bei einer Körpergröße von 1,95 Metern auch die 125 Kilo Gewicht. »Für einen dicken Weihnachtsmann habe ich Idealmaße«, sagt er schmunzelnd.

Mit seiner Erfahrung gibt er Seminare, in denen er weitere Helfer ausbildet. Er bringt dort Lehrlingen bei, dass sie sich vor einem Besuch in unbekannten Gegenden den genauen Weg einprägen sollten. Einmal ging ein Kollege auf Mallorca für einen Über-raschungsbesuch nachts vom Eingangstor durch den Garten – nicht wissend, dass es dort auch einen Pool gab. Nach einem Platsch zogen die Hausbesitzer den armen Weihnachtsmann pudelnass aus dem Wasser.

Grundvoraussetzung für die Ausbildung ist der Glaube, dass es den Weihnachtsmann gibt. Und davon ist Stefan felsenfest überzeugt: »Denn das Gegenteil konnte bisher ja noch niemand beweisen.«

Ein Helfer des Weihnachtsmanns

Pssst ...

Ohne Tempolimit

Statistiker haben errechnet, dass der Weihnachtsmann pro Sekunde am Weihnachtstag weltweit 822,6 Häuser besucht – bei einer Geschwindigkeit seines Schlittens von 1040 Kilometern in der Sekunde. Ganz schön flott.

Hieß der Song
»Last Christmas«
eigentlich
»Last Easter«?

7

*Alle Jahre wieder:
»Last Christmas« läuft
in der Adventszeit überall.*

Seit vier Jahrzehnten klingelt er uns im Dezember in den Ohren. Der Dauerbrenner »Last Christmas« der englischen Popband »Wham!« Ein Song, der für manche zur Weihnachtszeit so unverzichtbar dazugehört wie Lebkuchen, Adventskalender und Christbaumkugeln – und den andere als grauenvoll akustische Qual empfinden. Wie man auch immer dazu stehen mag: Es lässt sich nicht ändern, dass die Herzschmerz-Ballade zu einem der erfolgreichsten Weihnachtshits aller Zeiten wurde. Weit weniger bekannt als das Lied selbst sind viele Details zu seiner Entstehungsgeschichte.

Komponiert im Kinderzimmer

Es war im Februar 1984, als George Michael mit seinem Bandpartner Andrew Ridgeley seine Eltern besuchte. »Ein langweiliger, dunkler, grauer Sonntag«, wie Ridgeley später in seiner Autobiografie schrieb. Als die beiden nach dem Mittagessen im Fernsehen ein Fußballspiel schauten, verschwand George plötzlich in sein altes Kinderzimmer. Nach einer Stunde kam er wieder und spielte s einem Freund den Song auf dem Keyboard vor.

Ein Gerücht, das sich bis heute hartnäckig hält: Der Song hätte eigentlich als »Last Easter« ein Lied zur Osterzeit 1985 werden sollen. Weil die Plattenfirma Ende 1984 auf die Schnelle noch einen Weihnachtssong brauchte, habe man Titel und Text eben in »Last Christmas« geändert. Weder Band noch Management bestätigten allerdings diese Spekulationen.

Richtig viel Schnee

Für die wirklich winterliche Atmosphäre sorgte das im November 1984 produzierte Musikvideo. Gedreht wurde innerhalb weniger Tage in und vor einer eingeschneiten Hütte in Saas-Fee in der Schweiz – ausgesucht wurde der Ort wegen des vielen Schnees. Kurz nach seiner Veröffentlichung sorgte der Song für Ärger. Der amerikanische Songwriter Barry Manilow reichte eine Plagiatsklage ein. Er behauptete, George Michael hätte die Melodie bei seinem 1975 erschienenen »Can't Smile Without You« abgeschrieben. Als alleiniger Rechteinhaber sicherte Michael zu, die Einnahmen des ersten Jahres an eine Wohltätigkeitsorganisation zu spenden. Danach verdiente er mit dem Song richtig viel Geld. Schätzungen zufolge spülte ihm »Last Christmas« in den gut 30 Jahren bis zu seinem Tod knapp 300 Millionen Euro aufs Konto.

Einer der erfolgreichsten Weihnachtshits aller Zeiten.

Land/Region	Auszeichnung	Verkäufe
Australien (ARIA)	6x Platin	420.000
Dänemark (IFPI)	5x Platin	450.000
Deutschland (BVMI)	3x Platin	1.500.000
Griechenland (IFPI)	Gold	7.500
Italien (FIMI)	2x Platin	100.000
Japan (RIAJ)	2x Platin + 3x Platin (Ringtone) + Platin (Mobile Downloads)	1.200.000
Kanada (MC)	2x Platin	160.000
Neuseeland (RMNZ)	2x Platin	60.000
Niederlande (NVPI)	Platin	100.000
Portugal (AFP)	Platin	10.000
Spanien (Promusicae)	Platin	40.000
Vereinigte Staaten (RIAA)	2x Platin	2.000.000
Vereinigtes Königreich (BPI)	Platin (Physisch) + 5x Platin (Digital)	4.000.000
Insgesamt	1x Gold 37x Platin	10.047.500

Langer Anlauf

Bei der Veröffentlichung 1984 verpasste der Song noch die Spitzenposition der Hitparaden. In den britischen Charts kam »Last Christmas« nur auf Platz zwei hinter dem Benefiz-Klassiker »Do They Know It's Christmas« von Band Aid. Erstmals auf Rang 1 landete der Hit erst am 1. Januar 2021. Mehr als 36 Jahre nach der Veröffentlichung war es damit das Lied, das den längsten Anlauf brauchte, um die Single-Hitparade in Großbritannien anzuführen. In Deutschland dauerte es sogar noch länger, hier lag das Lied erst am 24. Dezember 2021 erstmals ganz vorne. Pünktlich zu Heiligabend.

8

Was macht die Glasgurke im Weihnachtsbaum?

Geheimnisvolle Gurke
In den USA hängt sie gern im Weihnachtsbaum.

In amerikanischen Tannenbäumen hängt oft eine Weihnachtsgurke. Gefertigt aus buntem Glas wie eine Christbaumkugel, nur eben in Form einer Essiggurke. Und: Wer am Morgen des 25. Dezembers die »Christmas Pickle« entdeckt, darf nicht nur als Erster die Geschenke öffnen, sondern hat auch für das nächste Jahr Glück in seinem Leben. So der Glaube.

Die Legende des bayerischen John

Zum Ursprung der Gurke gibt es verschiedene Legenden. Die bekannteste Geschichte handelt von einem bayerischen Auswanderer namens Hans Lauer. Während des amerikanischen Bürgerkriegs (1861-1865) soll er als John Lower aufseiten der Nordstaaten gekämpft haben. Dann aber geriet er in die Gefangenschaft der Südstaaten-Truppen. Weil er, so die Sage, im Gefangenenlager sterbenskrank wurde, bat er einen Wärter kurz vor dem drohenden Hungertod noch um eine letzte saure Essiggurke. Und siehe da, plötzlich war der gute John wieder putzmunter. Als er nach Kriegsende wieder zu seiner Familie in Pennsylvania

Funny Fact

Der kleine Ort Berrien Springs im US-Bundesstaat Michigan nennt sich »Pickle Capital of the World«. Also die Welthauptstadt der Essiggurke. Einmal im Jahr findet dort das große »Pickle Festival« statt. Höhepunkt ist dann die große Parade, bei der eine Figur namens »Großer Dillmeister« Gewürzgurken verteilt. Fester Bestandteil des Events ist auch ein Sportturnier, das mit einer Gurke wenig zu tun hat, aber mit einer immer größeren Fangemeinde weltweit gerade eine große Trendsportart ist: Pickleball.

kam, hängte er aus Dankbarkeit jedes Jahr an Weihnachten eine Gurke in den Christbaum.

Der Schmuck der Armen

Tatsächlich gibt es aber auch die Theorie, dass der Ursprung doch in Deutschland liegt. Demnach hätten sich verarmte Menschen im 19. Jahrhundert im Spreewald keinen Schmuck für den Christbaum leisten können. Stattdessen hängten sie als günstigen Ersatz die dort beliebte Gewürzgurke in die Äste. Bei den Auswanderungswellen über den Atlantik hätten dann Bewohner aus dieser Region die Gurken-Tradition mit nach Amerika genommen. Diese Vermutung äußerte einmal ein Glasbläser aus Weimar gegenüber der »New York Times«. Interessant: In einem Katalog der Lyra-Fahrrad-Werke aus Prenzlau wurde 1909 in der Kategorie Baumschmuck unter Artikelnummer 5046 auch eine Weihnachtsgurke im Sortiment angeboten. Neben einem Pilz, einem Engel, einem Schmetterling und einem Vogel. Vielleicht war das aber nur reiner Zufall und hatte nichts mit einem alten Brauch zu tun.

Eine Marketing-Idee

Vermutlich war es so: Als der amerikanische Geschäftsmann Frank Woolworth deutschen Christbaumschmuck importierte (siehe 3. Dezember), fanden neben den Kugeln auch mundgeblasene Glasfrüchte reißenden Absatz. Nüsse etwa oder Äpfel. Nur die gläsernen Gurken kaufte keiner. Also kam Mr. Woolworth auf eine geniale Marketing-Idee und pries die Gurken als »Old Tradition from Germany« an. Und schon ging das gläserne Gewürzgemüse weg wie warme Semmeln.

Big Baum-Burger
An diesem Weihnachtsschmuck beißt man sich wohl die Zähne aus.

Wo gibt es einen bemalten Weihnachts-Holzklotz?

9

Kennst du Katalonien? Das ist eine Region im Nordosten Spaniens zwischen Mittelmeer und der Grenze zu Frankreich. Die Hauptstadt ist Barcelona. Katalonien hat eine lange Geschichte und viele Katalanen sind stolz darauf, eine eigene Sprache zu haben, die neben dem Spanischen als Amtssprache anerkannt ist. Auch auf Mallorca wird Katalanisch gesprochen. Und Katalonien hat natürlich auch ganz eigene Bräuche: wie etwa zu Weihnachten den »Caga Tió« – den, ganz im Ernst, kackenden Holzklotz. Was es damit auf sich hat?

Zwei Füße und eine rote Mütze

Jedes Jahr am 8. Dezember holen Familien in Katalonien einen etwa 20 bis 30 Zentimeter

kleinen Baumstamm zu sich nach Hause. Diesen Holzklotz dürfen die Kinder dann auf einer der beiden abgesägten Seiten mit einem fröhlichen Gesicht bemalen. Anschließend wird der Tió (nicht zu verwechseln mit Tío, das ist spanisch für Onkel) auf zwei Vorderfüße gestellt und in

Mit Mütze und Mantel

Der in Katalonien traditionelle Weihnachtsklotz.

Ein dicker Gewinn

Einer der Höhepunkte in der spanischen Vorweihnachtszeit ist die Lotterie »El Gordo«. Übersetzt: Der Dicke. Für eine richtige Losnummer beträgt der Gewinn vier Millionen Euro. Oft gewinnen Tippgemeinschaften, die sich alle die gleiche Losnummer sichern. So gewannen im Jahr 2017 Bewohner der galicischen Stadt Vilalba zusammen mehr als 540 Millionen Euro.

Ach du dickes Los
Die Lotterie »El Gordo« ist ein Höhepunkt in der spanischen Adventszeit.

eine warme Decke eingewickelt, damit er in den zweieinhalb Wochen bis zum Weihnachtsfest nicht frieren muss. Außerdem bekommt er eine rote Mütze aufgesetzt. Die sieht zwar ein bisschen so aus wie die Mütze vom Weihnachtsmann oder dem Heiligen Nikolaus, ist aber tatsächlich eine sogenannte Barretina, eine seit Jahrhunderten traditionelle katalanische Kopfbedeckung.

Abend für Abend ist es dann so, dass die Kinder vor dem Schlafengehen ihrem hölzernen Mitbewohner etwas zum Essen hinlegen. Das können Äpfel oder Nüsse sein, Gemüse oder auch Brot und Süßigkeiten. Damit er auch ordentlich futtert und sein Magen gut gefüllt ist am großen Tag. Wie der auch »Tió de Nadal«

genannte »Weihnachtsstamm« die Nahrung zu sich nimmt, das sehen die Kinder während der Nacht natürlich nicht. Aber dafür sehen sie ja am nächsten Morgen, dass die Speisen verschwunden sind. Heißt: Es muss ihm gut geschmeckt haben!

Endlich geht's los!

Der große Moment kommt dann am Heiligabend nach dem feierlichen Abendessen. Damit der kackende Holzklotz seinem Namen endlich alle Ehre macht, schlagen die Kinder mit einem Stock auf seinen Rücken und tragen dabei Lieder oder Gedichte vor, die sich in Kleinigkeiten unterscheiden, die aber alle die eine Botschaft haben: »Caga tió!« Mach endlich dein Geschäft, Baumstamm! Ist der Gesang verstummt oder der Reim zu Ende, greifen die Eltern unter die Decke und tatsächlich: Unter seinem Hinterteil finden sich auf dem Boden Leckereien zum Essen für die Kinder oder auch das ein oder andere kleine Geschenk.

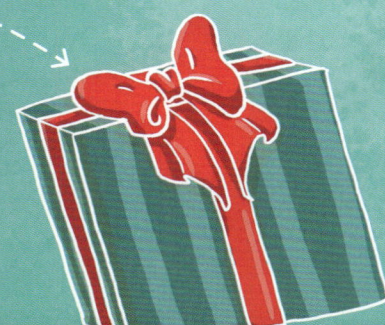

10

Lust auf Plätzchen?

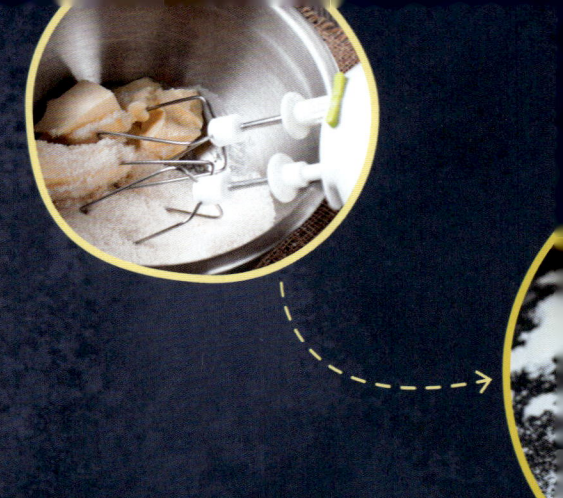

H ast du in diesem Jahr schon gebacken? Und wenn ja, was sind deine Favoriten? Butterplätzchen oder Spitzbuben? Zimtsterne oder Haselnuss-Cookies? Ein Klassiker sind immer wieder die Vanillekipferl. Dafür gibt es gefühlt einige Hundert unterschiedlicher Rezepte. Das hier ist eines davon – und geht kinderleicht.

Vanillekipferl

Was du als Zutaten für die Kipferl, brauchst sind

– 400 Gramm Mehl
– 200 Gramm gemahlene Mandeln
– 100 Gramm Puderzucker
– 2 Vanilleschoten
– 1 Prise Salz
– 300 Gramm kalte Butter (für Veganer: Margarine)
– 4 Eigelbe (für Veganer: 1 EL Speisestärke)

Dazu für obendrauf:
– 180 Gramm Puderzucker
– 2 Päckchen Vanillezucker

Und so funktioniert's:

Das Mehl mischst du in einer Schüssel mit den Mandeln und dem Puderzucker. Schneide die beiden Vanilleschoten der Länge nach auf und kratz das Mark in die Schüssel, dann gibst du noch das Salz, die klein gewürfelte Butter (oder Margarine) und die Eigelbe (oder die Speisestärke) hinzu. Jetzt knetest du die ganze Mischung kräftig mit den Händen, bis du einen glatten Teig hast. Die Teigkugel wickelst du in Folie und legst sie für eine Stunde in den Kühlschrank.

Wenn du den Teig herausholst, kannst du ihn in mehrere Portionen aufteilen. Zupfe dir davon einfach kleine Stücke in der Größe einer Walnuss ab, reibe den Teig zwischen deinen Händen, damit er dünner und länger wird. Forme damit kleine Hörnchen und lege die rohen Kipferl mit etwas Abstand auf das mit Backpapier belegte Backblech.

10

In der Zwischenzeit kannst du schon mal den Ofen vorheizen. Auf 180 Grad bei Ober-/Unterhitze oder auf 160 Grad bei Umluft - Achtung, bei Umluft werden Plätzchen manchmal trocken. Während die Kipferl für rund acht Minuten im Ofen backen, kannst du schon mal Puderzucker und Vanillezucker in einer Schüssel oder Schale vermischen. Wenn du die Kipferl aus dem Ofen rausholt, wälze sie vorsichtig in der Zuckermischung und lege sie zum Abkühlen am besten auf ein Gitter. Und schon hast du ein wunderbares Weihnachtsgebäck.

Guten Appetit!

Wo immer man Weihnachten auch feiert, überall wird gern genascht. Das hier ist ein spanisches Weihnachtsgebäck: Galletas de almendras.

Lass dir beim Aufschneiden der Vanilleschoten und beim heißen Backofen von einem Erwachsenen helfen.

Ist Rudolph
in Wahrheit eine
Rentier-Dame?

11

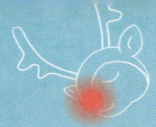
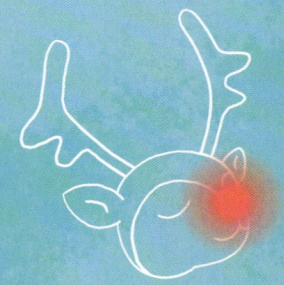

E s ist eines der bekanntesten Weihnachtslieder: der Song von Rudolph, dem Rentier mit der roten Nase. Aber wusstest du, dass die Geschichte des Liedes mit einem Buch begann? Und vor allem, dass Rudolph eigentlich weiblich sein muss? Also eine Rudolphine?

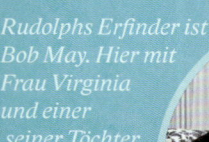

Rudolphs Erfinder ist Bob May. Hier mit Frau Virginia und einer seiner Töchter.

Eine Geschichte wie gemalt

Der Erfinder von Rudolph war ein gewisser Bob May. Er arbeitete in den 1930er Jahren als Werbetexter für die Kaufhauskette Montgomery Ward in Chicago. 1939 bekam er den Auftrag, sich eine Geschichte für ein Kinder-Weihnachtsmalbuch auszudenken. Das wollte man dann an die Kundschaft verteilen. Zusammen mit dem Zeichner Denver Gillen entwarf Bob May das Buch mit Rudolph, dem Rentier mit der leuchtenden roten Nase, das von den übrigen Artgenossen ausgeschlossen wird und nicht mitspielen darf, weil es anders aussieht. Santa Claus hingegen stört sich an der roten Nase nicht: Er lässt Rudolph den Schlitten ziehen. Vorne an der Spitze, weil er mithilfe seiner leuchtenden Nase den Weg in der nebligen Weihnachtsnacht weisen kann. Das Buch wurde ein großer Erfolg und bis 1946 sechs Millionen Mal verteilt. Und wie es zum Song kam?

Rudolph und der Cowboy

1948 bat May seinen Schwager, den Songwriter Johnny Marks, die Geschichte zu vertonen. Countrysänger Gene Autry (Spitzname: Der singende Cowboy) nahm das Lied auf Schallplatte auf. Der Song brachte ihn auf Platz 1 der Charts. Heute gilt das Lied als eines der erfolgreichsten Weihnachtslieder der Geschichte.

Nur die Weibchen tragen Geweih

In den vergangenen Jahren erklärten immer mehr Wissenschaftlerinnen und Wissenschaftler, warum Rudolph wie auch die anderen acht Rentiere am Schlitten eigentlich weiblich sein müssen. Denn in den Wintermonaten tragen nur weibliche Rentiere ihr Geweih! Männliche Rentiere werfen ihr Geweih bis zum Spätherbst ab. Die Weibchen hingegen behalten ihre natürliche Krone, die sie während der in dieser Zeit üblichen Schwangerschaft zum Graben nach Futter im tiefen Schnee benötigen.

Warum ist die Nase rot?

Der Biologe Odd Halvorsen schrieb 1986, dass in den Nasenhöhlen von Rentieren Mikroben leben, die so eine Färbung verursachen könnten. Eine andere These besagt, dass in Rentier-Nasen mehr Blutäderchen sind als bei Menschen. Das könnte zu einer rötlicheren Verfärbung führen. Eine recht unwissenschaftliche Erklärung: Rudolphine hat zu viel Glühwein getrunken.

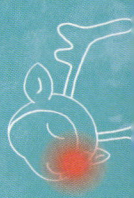

Frau Rudolph

Laut Wissenschaft ist das legendäre Rentier ein Weibchen. Aber warum die rote Nase? Hat es zu tief ins Glas geschaut?

11

skogen

Warum gibt es in Island 13 Weihnachtsmänner?

12

In Island müssen die Kinder lange warten. Während wir in Mitteleuropa bereits am 1. Dezember das erste von 24 Türchen öffnen oder in den Stofftüten des selbst gebastelten Adventskalenders die erste Leckerei entdecken, geht's in Island mit den täglichen Überraschungen erst am 12. Dezember los. Und das liegt an den 13 Weihnachtsmännern. Besser gesagt, an den 13 Weihnachtstrollen, zu denen es eine uralte Geschichte gibt.

Es ist die Erzählung von den 13 Brüdern, die mit ihren Eltern in einer Trollhöhle irgendwo versteckt in den Bergen leben. Ihr Vater ist ein recht fauler Zeitgenosse, der den ganzen Tag am liebsten im Bett liegt, schläft und dabei laut schnarcht. Viel zu melden hat er daheim nicht, für die klaren Ansagen im Haus sorgt seine Gemahlin Grýla – eine recht kratzbürstige Trollfrau, die den ganzen Tag mit ihren Kindern schimpft und an ihnen herumnörgelt. Außerdem ist sie eine hundsmiserable Köchin.

Im Dezember raus in die Freiheit

Das Allerschlimmste aber für die 13 Brüder: Ihre Mama lässt sie nie raus zum Spielen, weshalb sie das ganze Jahr in ihrer dunklen und sehr unordentlichen Höhle herumsitzen. Nur einmal im Dezember eben, da schickt Grýla ihre Söhne fort ins Land. Vom 12. bis zum 24. Dezember darf dann täglich jeweils einer raus. Seit Urzeiten Jahr für Jahr mit dem Auftrag, unartige Kinder in die Trollhöhle zu verschleppen und in den Kochtopf der Mutter zu werfen. Gar nicht nett.

Doch Kinder zu entführen, darauf haben die gutmütigen und liebenswerten Troll-Jungs wirklich keine Lust. Für sie ist der Ausflug in die Dörfer und Städte der Menschen der einzig spannende Höhepunkt eines sonst recht langweiligen Jahres. Vor allem deswegen, weil sie bei ihren heimlichen nächtlichen Hausbesuchen immer wieder feine Leckereien entdecken, die sie aus den Küchen stibitzen.

Topfschaber und Kochlöffellecker

Als Ausgleich und um sich für ihre Nascherein zu entschuldigen, lassen die Brüder den Menschen kleine Präsente zurück. Und so stellen die Kinder in Island ab dem 12. Dezember an jedem der 13 Tage bis Heiligabend vor dem Schlafengehen ihre Schuhe auf den Fenstersims oder hängen Socken an die Türklinke. In hoffnungsvoller Erwartung, sie am Morgen mit einer von einem Weihnachtstroll befüllten Leckerei wiederaufzufinden. Die netten Trolle haben Namen wie Þvörusleikir (gesprochen: Svöhrüsleikir), Pottaskefill (Pohtaskehvitl) oder Skyrgámur (Skihrka-uhmühr). Was übersetzt heißt: Kochlöffellecker, Topfschaber, Quark-Gierschlund.

Faulender Fisch

Während es bei uns im Advent lieblich nach Zimt, Punsch und Lebkuchen riecht, herrscht auf Island in und vor manchen Häusern eher strenger Geruch. Das liegt am »kæst skata«, dem beliebten Weihnachtsessen, das unter der Bezeichnung »Gammelrochen« seinem Namen alle Ehre macht. Da der Rochen keine Harnblase hat, sammelt er den Urin in seinem Blut an. Weil das Fleisch daher nach dem Fang ungenießbar ist, muss der Fisch erst einmal vier Wochen vor sich hin rotten. Erst dann haben sich die Giftstoffe verflüchtigt. Der zubereitete Rochen wird traditionell am 23. Dezember vor allem in ländlichen Regionen serviert. In der Hauptstadt Reykjavik hingegen wurde Mietern wegen des wochenlangen Gestanks der faulenden Fische auch schon gekündigt.

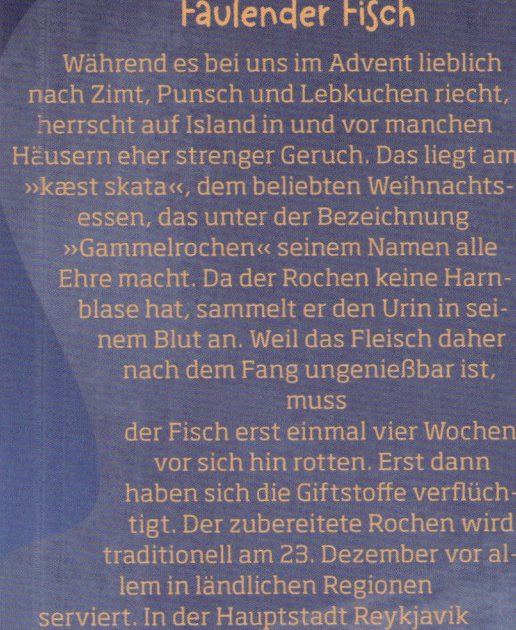

Eine Kartoffel im Schuh?

Das ist ein Zeichen, dass das Kind nicht so brav war. Aber immer noch besser, als bei der alten Grýla im Kochtopf zu landen.

13

Wer Schrieb die erste Weihnachtskarte?

Henry Cole

Erste Grüße

Mit diesem Motiv begann 1843 die Geschichte der Weihnachtskarten.

A llein in England werden jährlich in der Adventszeit circa eine Milliarde Weihnachtskarten verschickt. Im Durchschnitt schreibt jeder der 55 Millionen Einwohner also gut 18 Karten, dabei mit einberechnet auch Babys und Kleinkinder, die noch gar keinen Stift halten können.

Not macht Mr. Cole erfinderisch

Dass sich die Schreiberei von Weihnachtskarten gerade in England großer Beliebtheit erfreut, mag auch an der langen Tradition liegen. Denn tatsächlich war London einst der Ort, an dem 1843 ein gewisser Henry Cole die erste Christmas Card schrieb. Henry Cole war ein Staatsbeamter und erster Direktor des heutigen Victoria & Albert Museum. Der gute Mr. Cole hatte also sehr viele Bekannte in seinem Umfeld, Freunde und Geschäftspartner, die ihm zu Weihnachten seitenlange

Briefe mit besten Wünschen schickten. Weil es als äußerst unhöflich galt, Post nicht zu beantworten, steckte Cole in einem Dilemma. Genauso umfangreich zurückzuschreiben, dafür fehlte dem viel beschäftigten Mann die Zeit. Aber dann kam ihm eine geniale Idee. Cole wandte sich an einen alten Freund, den Künstler John Horsley, der auf festes Tonpapier in der Größe von 13 mal 8 Zentimeter eine dreiteilige Illustration malte. Links und rechts barmherzige Helfer, die sich um arme Menschen kümmern – und mittendrin eine Großfamilie, die sich bei Tisch feierlich zuprostet.

Shitstorm um das Kind am Weinglas

Dazu geschrieben stand: »A Merry Christmas and a Happy New Year To You«. Cole ließ die Vorlage in einer Druckerei vervielfältigen, danach brauchte er nur den Empfänger und seinen eigenen Namen als Absender eintragen – und schon hatte er alle Briefe mit guten Wünschen fürs frohe Fest und ein gutes neues Jahr beantwortet.

Viele Erwachsene störten sich aber an der Zeichnung, auf der auch ein Kind zu sehen war, das an einem Weinglas nippt. Moralisch verwerflich, schimpften viele, das würde Kinder zum Alkoholgenuss animieren. Heute würde man sagen, Cole

erntete einen Shitstorm. Der Erfolgsgeschichte der Weihnachtskarten, die ab da jährlich in immer größerer Zahl und mit immer mehr Motiven zur Auswahl gedruckt wurden, schadete das nicht. 2001 wurde übrigens bei einer Auktion eine der ersten Originalkarten von Cole von 1843 für rund 23 000 Euro versteigert.

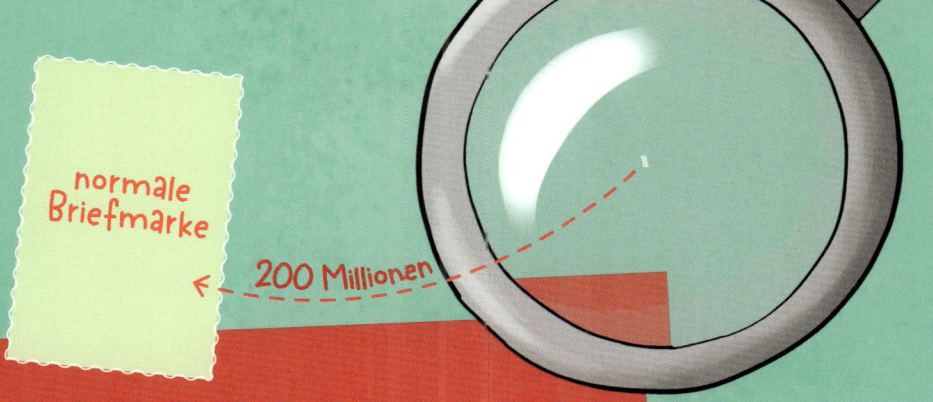

normale Briefmarke

← 200 Millionen

Rekord!

2017 entwickelten Wissenschaftler des britischen »National Physical Laboratory« die kleinste Weihnachtskarte der Welt – mit einer Größe von 15 mal 20 Mikrometern. Als Größervergleich: 200 Millionen dieser Karten würden auf eine einzige Briefmarke passen. Hergestellt wurde die nur mit einem Supermikroskop sichtbare Karte aus Platinum-beschichtetem Siliziumnitrid. Mit einem Ionenstrahl schrieben die Forscher »Seasons Greetings« auf die Karte und malten dazu einen Schneemann.

14

Woher stammen die Christstollen?

Um den Dresdner Christstollen wurde immer wieder reichlich Staub aufgewirbelt. Das lag nicht daran, dass er vielleicht nicht schmeckte, dass zu wenig Rosinen enthalten waren oder dass oben drauf der Puderzucker fehlte. Die Aufregung gab es um den Namen – und um die Frage, wer das Gebäck so benennen darf. Und wer nicht.

Als es noch zwei deutsche Staaten gab, die Bundesrepublik und die DDR, biss man sich an der Frage die Zähne aus. Denn überall auf der ganzen Welt fanden sich damals »Dresdner Christstollen«, auch wenn sie gar nicht aus Dresden stammten – was den Bäckern in der sächsischen Hauptstadt überhaupt nicht schmeckte. Seit den 1990er Jahren liegen die Markenrechte beim »Schutzverband Dresdner Stollen«. Seither dürfen nur rund 120 Bäckereien und Konditoreien aus der Stadt und der Umgebung das Traditionsgebäck als original Dresdner Christstollen oder Dresdner Weihnachtsstollen anbieten.

Geschützt wie Nürnberger Lebkuchen

2010 breitete außerdem die EU ihren Schutzmantel aus, indem sie dem Stollen eine geschützte geografische Herkunftsbezeichnung erteilte. So wie beim Lübecker Marzipan oder dem Nürnberger Lebkuchen: Auch da dürfen die Lebensmittel nur aus der genannten Stadt oder Region kommen.

Das Original
Ein Dresdner Christstollen – der Name ist inzwischen ein geschützter Begriff.

Alles in Butter

Eine der wichtigsten Zutaten für Christstollen – einst war sie verboten.

Rapsöl? Viel zu langweilig

Überraschend angesichts der vielen Plätzchen, Lebkuchen und eben auch Stollen in den Wochen vor Weihnachten: Laut der katholischen Lehre ist die Adventszeit eine Fastenzeit, in der man sich als guter Christenmensch durch Enthaltung auf die Feierlichkeiten zu Jesu Geburt vorbereiten soll. Daher war in dieser Zeit früher auch die Verwendung von Butter verboten. Dumm nur, dass Butter schon immer als eine der wichtigsten Zutaten für den Christstollen galt. Mit fadem Rapsöl als Ersatz schmeckte der Stollen dann doch leider eher langweilig. Nach ließ sich der damalige Papst auf Bitte von Kurfürst Ernst und Herzog Albrecht breitschlagen und gewährte 1491 in einem anschließend so bezeichneten Butterbrief die Erlaubnis von Butter als Zutat für den Stollen. Aber natürlich nur gegen Kohle, cash auf die Hand: Die saftige Geldspende verwendete die Kirche dann zum Bau des Doms von Freiberg südwestlich von Dresden. Somit war alles in Butter.

Funny Fact

In der Bibel heißt es, dass Maria ihren Sohn in Windeln wickelte und ihn dann in die Krippe legte. So wird der neugeborene Jesus als Krippenfigur auch meist dargestellt, mit einem Leintuch um die Hüfte. Und was hat das mit dem Christstollen zu tun? Sehr viel. Denn der Puderzucker auf dem Stollen stellt der Überlieferung zufolge die Windel von Jesus Christus dar.

15

Wie feiert man
die Stille Nacht
im All?

In »Alle Jahre wieder«, einem der bekanntesten Weihnachtslieder, heißt es gleich zu Beginn: »... kommt das Christuskind / auf die Erde nieder / wo wir Menschen sind ...«. Was aber, wenn es Menschen gibt, die gar nicht auf der Erde sind? Sondern draußen im Weltraum? Wie feiern die Weihnachten?

Die ersten Astronauten, die zur Weihnachtszeit durchs Universum düsten, waren 1968 bei der NASA-Mission Apollo 8 die Amerikaner Frank Borman, Jim Lovell und Bill Anders: die ersten Menschen, die den Mond umkreisten. Aus 370 000 Kilometer Entfernung wünschten sie während der Live-Übertragung den 500 Millionen Fernsehzuschauern unten auf der ganzen Welt eine »gute Nacht, viel Glück, fröhliche Weihnachten und Gottes Segen«. Während der Reise von Apollo 8 entstand auch das großartige Bild der aufgehenden blauen Erde hinter dem Horizont des grauen Mondes. Passend zum Fest war es für Bill Anders eine riesige »Christbaumkugel«.

ISS

Stille Nacht im All

2014 setzte die ISS-Crew zwei ausgestopfte und festlich gekleidete Astronautenpuppen in die Luftschleuse: als Empfangskomitee für den Weihnachtsmann.

UFO-Alarm

Einen Scherz machten die Astronauten Tom Stafford und Walter Schirra im Dezember 1965. Ziel ihres Fluges mit Gemini 6 war ein Rendezvous, das erstmalige gesteuerte Annähern an ein anderes Raumschiff, in diesem Fall an Gemini 7. Die Mission glückte, teilweise waren die Kapseln nur 30 Zentimeter voneinander entfernt – als Stafford und Schirra die Sichtung eines UFO vermeldeten: »Wir haben hier ein Objekt. Sieht aus wie ein Satellit.« In der Leitzentrale in Houston herrschte Aufregung. Einen Satelliten gab es dort gar nicht. Handelte es sich um ein außerirdisches Raumschiff? Plötzlich vermeldete die Gemini 6-Crew den Empfang von Funksignalen, die sie direkt weiterleiteten. Was das Bodenteam in Houston hörte, war die Melodie von »Jingle Bells«, gespielt von den Witzbolden Stafford und Schirra mit Mundharmonika und Schellenglöckchen.

Christbaum aus Futterdosen

Fünf Jahre später feierte die Besatzung der Mission Skylab 4 auf ihrer 84-tägigen Reise um die Erde Weihnachten. Kurz vor dem Fest bauten Gerald Carr, Edward Gibson und William Pogue einen Christbaum zusammen. Und zwar aus den geleerten Dosen der Astronautennahrung.

Auf der Raumstation ISS sind die alljährlichen Weihnachtsfeste im Orbit ganz normal geworden. Der französische Raumfahrer Thomas Pesquet servierte seinen amerikanischen und russischen Kolleginnen und Kollegen 2016 ein traditionelles Drei-Gänge-Menü aus der Normandie. Mit Ochsenzunge als Vorspeise, Hähnchen mit Maronen als Hauptgang und Lebkuchen zum Dessert. Natürlich als breiige Astronautennahrung.

16

Warum wurde
Weihnachten in
England verboten?

Von Weihnachten heißt es ja, dass es das Fest der Liebe und des Friedens ist. Im England des 17. Jahrhunderts war das nicht so. Damals gab es (von 1642 bis 1649) einen siebenjährigen Bürgerkrieg zwischen dem Lager von King Charles I. und seinen königstreuen Anhängern einerseits und den Parlamentariern um ihren Anführer Oliver Cromwell andererseits.

Charles wollte seine Macht erweitern und ganz ohne Parlament regieren, was den Parlamentariern natürlich gar nicht passte. Gleichzeitig ärgerten sich die radikal christlichen evangelischen Puritaner aus dem Team Parlament über die sehr katholische Ausrichtung der anglikanischen Staatskirche unter der britischen Krone. Am Ende triumphierten Oliver Cromwell und seine Mitstreiter. König Charles wurde im Januar 1649 zum Tode verurteilt und enthauptet.

Weihnachten als Party-Event

Damit war es mit der Monarchie erst einmal vorbei, nun regierte Oliver Cromwell als Lordprotektor über die neue Republik England, Schottland und Irland – und untersagte das Feiern des Weihnachtsfests. Aber warum verbot ein strenggläubiger Christ ausgerechnet das Fest von Christi Geburt? Für Cromwell und seine Glaubensgenossen hatte Weihnachten nichts mehr mit dem religiösen Hintergrund zu tun. Ihrer Meinung nach wurde zu viel gefeiert und gesündigt an den Feiertagen, zu viel gegessen und getrunken. Weihnachten war ein

Oliver Cromwell

Party-Event, bei dem es das ganze Land ordentlich krachen ließ. Und das passte so überhaupt nicht in Cromwells Weltbild.

So waren in England unter Cromwells Regentschaft alle Weihnachtsfeierlichkeiten verboten. Am wichtigsten Feiertag, dem Christmas Day am 25. Dezember, mussten alle Geschäfte geöffnet bleiben. Dazu patrouillierten Truppen durch die Straßen und

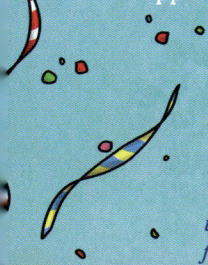

It's Partytime
Im 17. Jahrhundert waren Weihnachtsfeiern oft sehr unterhaltsam. Die Puritaner fanden das weniger lustig.

Schon gewusst?

Als die europäischen Puritaner den Nordosten der USA besiedelten, feierten sie ein »Thanksgiving«, ein dreitägiges Erntedankfest. Zusammen mit den Wampanoag, einem indigenen Volk, das die Neuankömmlinge gelehrt hatte, wie man die Äcker bepflanzt und bewirtschaftet. Später, als weitere Siedler kamen, wurden die Ureinwohner brutal unterdrückt und Millionen von ihnen getötet.

überwachten, ob jemand sich illegal auf das Weihnachtsfest vorbereitete. Wer beim Zubereiten eines Weihnachtsessens erwischt wurde, dem nahmen die Aufseher den Truthahn ab. Erst nach Cromwells Tod 1658 und der Rückkehr der Monarchie durch König Charles II. wurde Weihnachten als Fest wieder offiziell eingeführt.

In Nordamerika war Weihnachten noch viel länger verpönt. Die ersten puritanischen Siedler aus Europa ignorierten das Fest. Erst als später katholische Siedler aus Deutschland, Irland und Italien kamen, wurde es üblich, Weihnachten zu feiern.

Wer baute
das größte
Lebkuchenhaus
der Welt?

17

Knusper, knusper, knäuschen: Das wohl berühmteste Lebkuchenhaus aller Zeiten bewohnte die böse Hexe aus dem Märchen von Hänsel und Gretel. Aber ob es auch das größte war, das darf bezweifelt werden. Schließlich lebte die Hexe allein in ihrer Bude im Wald, klassischer Single-Haushalt. Und als sie die hungrigen Kinder in ihre Stube hereingelockt hatte, da wurde es auch schon recht eng.

Im Vergleich zu dem Bauwerk im US-Bundesstaat Texas dürfte die Grimm'sche Hexen-Hütte jedenfalls recht mickrig ausgefallen sein. In der kleinen Ortschaft Bryan bauten Bäcker und Konditoren im November 2013 nämlich das größte Lebkuchenhaus der Welt. 18,28 Meter lang und 12,80 Meter breit, mit einer Höhe von bis zu 3,07 Metern. Eine zuckersüße Prunkvilla, bestehend aus 1 360 Kilo braunem Zucker, 816 Kilo Butter, 7 200 Eiern und 3 265 Kilo Mehl. Dazu 22 304 Zuckerstangen zur Verzierung an der Außenfassade. Machte laut offiziellen Berechnungen 35 823 400 Kalorien. Würde man sich als Erwachsener am empfohlenen Richtwert von 2 000 Kalorien am Tag halten, hätte man am Gingerbread House mehr als 49 Jahre etwas zu beißen gehabt.

Auch die Bienen fanden Geschmack

Tatsächlich war das Haus die gesamte Weihnachtszeit über die große Attraktion in der Provinzstadt und lockte nicht nur viele Menschen an, die den Zuckerpalast auch von innen

17

besichtigen konnten, sondern auch Tausende Bienen, die Geschmack an dem süßen Prachtbau gefunden hatten. Ein eigens einbestellter Imker sorgte dafür, dass die Insekten den Gästen nicht zu nahe kamen. Mit freiwilligen Spenden der Gäste sammelten die Organisatoren des Hauses mehr als 200 000 Dollar ein, die sie für die Behandlung schwer kranker Patienten einem lokalen Krankenhaus überreichten. Im Januar 2013 wurde das Haus wieder abgebaut. Nach einigen Wochen an der frischen Luft waren die Lebkuchen aber leider nicht mehr genießbar.

Die Lebkuchenstadt in Norwegen

Und noch eine Bestmarke: Im norwegischen Bergen wird seit 1991 jedes Jahr zur Weihnachtszeit die größte Lebkuchenstadt der Welt errichtet. Mit Miniaturhäusern, Zügen, Autos und Booten. Und sogar das Fußballstadion des örtlichen Fußballklubs Brann Bergen, des dreimaligen norwegischen Landesmeisters, ist dort zu sehen. Mit Spielern auf dem Platz und Fans auf den Tribünen. Zusammengebaut wird die Gingerbread City von Mädchen und Jungs aus Schulen und Kindergärten der Stadt. In der Landessprache heißt die Stadt übrigens Pepperkakebyen.

Zum Anbeißen
Dieses beschauliche Miniatur-Städtchen in Norwegen besteht nur aus Lebkuchen.

Funny Fact

In Aarau gab es 2017 einen spannenden Wettkampf um die Schweizer Meisterschaft im Lebkuchenbau. Zehn Teams kämpften drei Stunden lang um die ausgefallenste und originellste Kreation, am Ende siegte mit Nelly Rodriguez und Lukas Kurmann ein Duo, das eine Handtasche modellierte, die täuschend echt wie Krokodilleder aussah – aber eben doch nur aus Lebkuchen bestand. Als Trophäe für das prämierte Kunstwerk gab es ein goldenes Nudelholz.

Immer zu Weihnachten läuft im Fernsehen »Die Weihnachtsgeschichte« von Charles Dickens. Der Film basiert auf einem Roman, der vom hartherzigen Geschäftsmann Ebenezer Scrooge erzählt, der seinen Sekretär Bob Cratchit fies behandelt und Weihnachten für Humbug hält – bis er in der Weihnachtsnacht von drei Geistern heimgesucht und zum Guten bekehrt wird. Was das alles mit Dagobert Duck zu tun hat? Sehr viel. Denn in der englischen Originalversion der Comics heißt Donalds Onkel Scrooge McDuck. In Anlehnung an den knausrigen Dickens-Geizhals.

Griesgrämiger Jammerlappen

Erfunden wurde die Figur 1947 von Carl Barks, dem einflussreichsten Zeichner in der Geschichte der Disney-Comics. In der Geschichte »Christmas on Bear Mountain« (auf Deutsch: Die Mutprobe) taucht der Onkel von Donald Duck das erste Mal auf. Und zwar als griesgrämiger Miesepeter, der mürrisch herumjammert: »Hier sitz' ich nun, mutterseelenallein, und Weihnachten steht vor der Tür! Wenn der ganze Rummel nur erst vorbei wär'! ›Fest der Liebe‹ nennen sie's! Liegt mir einfach nicht!«

18

Mit den Jahren entwickelte Barks Scrooge McDuck zur wichtigsten Figur seiner späteren Schaffensphase. Er veröffentlichte ganze Bände mit Geschichten der reichsten Ente der Welt, die ihr Vermögen von neun Phantastilliarden, 657 Zentrifugillionen Talern und 16 Kreuzern im Geldspeicher hortet, gegen alle Einbruchsversuche der Panzerknacker erfolgreich verteidigt und am liebsten in ihrem Geldspeicher in Scheinen und Münzen badet.

Der knausrige Knacker mauserte sich immer mehr zu einem etwas schrulligen älteren Herrn, der zwar immer noch den Reichtum als oberste Priorität in seinem Leben erachtet, aber bei den Abenteuern mit Donald und den Großneffen Tick, Trick und Track immer wieder eine herzliche Seite zeigt.

Raffgieriger Geldsack? Vorbildlicher Unternehmer?

Über seine Rolle wurde sogar in der Wissenschaft nachgedacht. Manche sahen in Scrooge McDuck den typischen unsympathischen amerikanischen Kapitalisten. Andere schätzten den Ehrgeiz, mit dem der junge Bursche aus den schottischen Highlands auswanderte, um in Amerika das große Geld zu machen – wo er sich aber auch seine gütige Seite bewahrte.

Auf die deutsche Version von Dagobert kam übrigens die geniale Disney-Übersetzerin Erika Fuchs. Sie bediente sich eines Vornamens aus der Königsgeschichte der Merowinger, einer fränkischen Herrscherdynastie zwischen dem 5. und 8. Jahrhundert. Dort bedeutete Dagobert so viel wie »der Glänzende«. Passend zu den Goldtalern im Geldspeicher.

Barks & Fuchs
Zwei große Genies aus der Welt von Donald, Dagobert & Co.

19

Was machen die Krabben auf Christmas Island?

Weihnachtsinsel

Ihren Namen bekam die Insel wegen des Datums, an dem der englische Seefahrer-Kapitän William Mynors mit seinem Schiff »Royal Mary« als vermutlich erster Mensch das Eiland entdeckte: Es war der 25. Dezember 1643.

Indonesien

Weihnachtsinsel

Australien

Man kennt das Gedränge in der Vorweihnachtszeit: Fußgängerzonen und Einkaufspassagen sind dann sehr voll. Doch wenn man sich ansieht, wie es kurz vor Weihnachten auf Christmas Island zugeht, dann fühlt man sich beim Advents-Einkaufsbummel hierzulande vergleichsweise einsam. Auf der Insel im Indischen Ozean tummeln sich jedes Jahr nicht Menschen eng an eng. Sondern Millionen roter Krabben. Ein einzigartiges Naturschauspiel, das es nirgendwo sonst gibt auf der Welt.

Christmas Island liegt rund 350 Kilometer südlich der Insel Java und 2 600 Kilometer nordwestlich von Australien. Auf der Insel leben nur etwa 2 000 Menschen, aber dafür geschätzt mehr als 100 Millionen Rote Krabben mit dem wissenschaftlichen Fachbegriff »Gecarcoiidea natalis«.

Sechs Kilometer bis zur Küste

Normalerweise leben die Krabben im dichten Regenwald. Doch einmal im Jahr begeben sich viele Millionen von ihnen auf große Wanderung. Das Ziel: die etwa sechs Kilometer entfernte Meeresküste. Nach einigen Tagen angekommen, buddeln die Männchen tiefe Höhlen, in denen sie sich dann mit den Weibchen für die Paarung

treffen. Während die Männer sich danach wieder auf den Weg zurück in die Wälder machen, verharren die weiblichen Krabben noch zwei Wochen in ihrem Versteck, um dann ihre Eier in das Meereswasser zu legen. Nach dem Schlüpfen kehren die Babykrabben schließlich zum erwachsenen Krabbenvolk zurück. Doch warum setzt diese spektakuläre Massenwanderung immer im Spätherbst ab November ein? Das hängt mit dem Beginn der Regenzeit zusammen. Die Tiere benötigen viel Feuchtigkeit. Würden sie sich in der Trockenzeit aus dem Wald wagen, würden sie aufgrund der Hitze den Marsch bis zur Küste kaum überleben. So bekommen sie aber genug Flüssigkeit und trocknen auf ihrer Wanderung nicht aus.

Zwei große Widersacher machen der Krabbe den Weg zum Meer aber ziemlich schwer. Einerseits die Gelbe Spinnerameise, die in den 1990er Jahren auf einem Schiff aus Afrika eingeschleppt wurde. Diese sehr aggressiven Insekten haben die Eigenschaft, ätzendes Gift in die Augen der Krabben zu sprühen, sodass diese erblinden und sterben

Die größte Gefahr: Ameisen und Autos

Der zweite Feind ist natürlich wieder einmal der Mensch. Und das nicht, weil er die Krabben jagt und ausrottet. Sondern wegen unserer Autos. Gerade die Überquerung von Straßen endet jedes Jahr für Tausende Krabben unter einem Autoreifen und damit tödlich. Inzwischen wurden auf der Insel sogar eigene Unterführungen und Brücken gebaut, zu denen eingezäunte Wege führen, damit die Tiere gefahrlos auf die andere Straßenseite kommen.

Freude löst die große Krabbenwanderung übrigens bei den Autowerkstätten aus. Denn der alljährliche Marsch der Tiere ist gut fürs Geschäft, bohren sich die scharfkantigen Scheren doch gerne in Autoreifen. Einem Bericht zufolge bleiben so täglich 20 Autos mit einem Platten liegen.

Was haben Spinnweben und Rollschuhe mit Weihnachten zu tun?

20

An Weihnachten gibt es weltweit viele Gewohnheiten, die je nach Kultur, Religion und Tradition unterschiedlich sind. Es gibt in manchen Ländern aber auch sehr kuriose Gepflogenheiten. Hier die Hitliste mit den Top Fünf der außergewöhnlichsten Weihnachtsbräuche.

PLATZ 3: UKRAINE

Dort gibt es das Märchen »Die Legende der Weihnachtsspinne«. Darin geht es um eine Witwe, die mit ihren Kindern in einer Hütte lebt und sich keinen Christbaumschmuck leisten kann. Doch als sie am Weihnachtsmorgen erwachen, sehen sie die Zweige umgarnt von glitzernden Fäden, die eine Spinne in der Nacht gewoben hat. Daher verzieren viele Menschen den Baum mit Dekorationen in Spinnwebform.

PLATZ 5: NORWEGEN

Armer Rudolph. Hier gilt Rentierbraten als beliebtes Weihnachtsessen. Deswegen macht der Weihnachtsmann mit seinem Schlitten wohl nirgendwo Rast – aus Sorge, die Menschen könnten ihm seine Rentiere für ihren Festtagsschmaus ausspannen. In Norwegen räumt man an Weihnachten auch die Haushaltsbesen beiseite. Damit sie Hexen nicht als fliegenden Untersatz entwenden.

PLATZ 4: SLOWAKEI

Mit dem Essen herumwerfen? Sollte man nicht. An Weihnachten in der Slowakei schon. Dort ist es Brauch, dass der Familienälteste bei Tisch einen Teil des Festpuddings mit einem Löffel an die Zimmerdecke katapultiert. Je weniger herunterfällt, umso besser. Dem Aberglauben nach bringt es Glück, Gesundheit und gute Ernte auf dem Feld, je mehr Puddingmasse oben kleben bleibt.

PLATZ 1: VENEZUELA

Hier beginnen die Weihnachtsfeierlichkeiten am 16. Dezember. Gerade in der Hauptstadt Caracas sind die Menschen ab dann auf Rollschuhen unterwegs. Höhepunkt ist die Nacht auf den 25. Dezember, wenn Tausende Menschen auf den Straßen umherflitzen und schließlich in den frühmorgendlichen Gottesdienst rollen. Das Rollschuhfahren wurde in den 1950er Jahren sehr beliebt. Es ist aber unklar, warum sich die Tradition entwickelt hat, mit den Rollschuhen an Weihnachten unterwegs zu sein. So oder so: We wish you a rollin' Christmas!

PLATZ 2: JAPAN

Seit den 1970ern geht man zu Kentucky Fried Chicken. Damals hatte Takeshi Okawara, Chef des ersten KFC-Restaurants in Japan, von einem ausgewanderten US-Amerikaner gehört, der Truthahn zu Weihnachten vermisste. Als Ersatz ging er zu KFC und gönnte sich frittiertes Chicken. Für Okawara die Initialzündung für den Slogan »Kentucky zu Weihnachten«. Heute ist es in Japan Tradition, zum Christmas Day bei KFC eimerweise Hähnchenfleisch für das Festmahl daheim zu kaufen.

Warum heißt
Bethlehem
Bethlehem?

21

In Amerika?

Weltweit gibt es noch mehr Ortschaften mit dem Namen von der Geburtsstätte Jesu. Etwa in den USA im Bundesstaat Pennsylvania. Gegründet wurde sie an Heiligabend 1741 von ausgewanderten deutschen Pilgern. Heute ist Bethlehem (Spitzname: Christmas City) auch für seinen schönen Weihnachtsmarkt bekannt. Bethlehem ist übrigens auch ein Stadtbezirk in der Schweizer Hauptstadt Bern.

Wer einmal nach Bethlehem möchte, der muss nicht zwingend in den Nahen Osten reisen. Man kann auch einfach den Zug nehmen, in Lengenwang aussteigen und noch einen knappen Kilometer Richtung Norden spazieren. Dann ist man angekommen. In Bethlehem im Ostallgäu.

Seit vielen Jahrzehnten gibt es immer wieder zu Weihnachten Berichte und Reportagen über den kleinen Ortsteil der Gemeinde Lengenwang mit diesem weltberühmten Namen. In der Adventszeit findet hier die Bethlehemer Dorfweihnacht statt. Ein dreitägiges Fest mit Kunstausstellungen und Bastelarbeiten, Schmuck und Glaskunst. Und natürlich auch mit Pizza und Bratwurst, mit Punsch und Waffeln, mit Stockbrotbacken am Lagerfeuer.

Das Haus des Brotes?

Das große Rätsel ist natürlich: Warum heißt Bethlehem Bethlehem? Selbst beim Geburtsort Jesu im Westjordanland, direkt im Süden von Jerusalem, ist die Wortherkunft nicht ganz eindeutig geklärt. Zwar weiß man um die Bedeutung von »Bet«, das steht im Hebräischen für: Haus. Aber »-lehem«? »Lechem« heißt auf Hebräisch »Brot« oder »Nahrung«, im Arabischen wiederum steht »Lahm« für Fleisch. Möglich also, dass der Ortsname als »Haus des Brotes« oder »Haus des Fleisches« zu übersetzen ist.

Und für den Ortsteil im Allgäu gibt es die Vermutung, dass der Name erst im 19. Jahrhundert entstanden ist. Damals lebten dort viele Tagelöhner. Also Menschen, die keine feste Arbeitsstelle hatten, sondern stets wechselnde und kurzfristige Jobs, die nicht besonders gut bezahlt waren. Von den einheimischen Großbauern wurden diese wohl eher abfällig »Bettelheimer« genannt – woraus sich das spätere »Bethlehem« entwickelte.

Das Ortsschild als begehrtes Souvenir

Große Aufregung gab es 2009. Es war ausgerechnet am Heiligabend: Da machten sich unbekannte Langfinger ans Werk und schraubten das Ortsschild einfach ab. Bis heute ist es verschwunden, die Diebe wurden nie erwischt.

Um keine Nachahmer anzuziehen, taucht der Name »Bethlehem« inzwischen nur noch als kleiner Untertitel unter dem großen Lengenwang auf. So ist das Ganze nicht so attraktiv für einen Schilderklau.

Bethlehem
Gemeinde Lengenwang
Landkreis Ostallgäu

Ein Festmahl für Obdachlose

22

Manchmal gibt es eine große Portion Schweinebraten, dazu Kartoffelknödel und Semmelknödel und noch etwas Blaukraut. Manchmal auch Rindsrouladen, Frikadellen oder einen Hackbraten. Ein Festschmaus an Heiligabend für diejenigen, die sonst nur selten eine warme Mahlzeit bekommen. Für die, die kein Zuhause haben und die unter freiem Himmel leben. Oder unter der Brücke: bei der Obdachlosen-Weihnacht im Münchner Hofbräuhaus.

Tradition seit den 1950er Jahren

Überall auf der Welt gibt es Hilfsprojekte, um Menschen ohne eigenes Zuhause an Weihnachten eine Freude zu bereiten. In München hält sich die Tradition der Weihnachtsfeier im bekanntesten Wirtshaus der Stadt seit den 1950er Jahren. Dort organisiert der Katholische Männerfürsorgeverein den Festabend für rund 1 000 Obdachlose, für Männer und natürlich auch für Frauen. Neben einem warmen Essen bekommen die Menschen auch noch eine Tüte mit kleinen Geschenken: ein Einkaufsgutschein für ein Kaufhaus, Bonbons, Schokolade, dazu auch noch nützliche Dinge wie eine Thermoskanne für warmen Tee. Dazu gibt es weihnachtliche Musik. Berührend ist es, wenn alle im Saal »Stille Nacht« singen und viele dann weinen. Vielleicht, weil das Lied sie an ihre eigene glückliche Kindheit erinnert, bevor das Leben sie aus der Bahn warf.

Der Polizist als Spendensammler

In New York startete der Polizist Carlos Ramos im Dezember 2015 eine ganz besondere Aktion: Bei sozialen Hilfsorganisationen und Kirchen, aber auch bei Familien aus der Nachbarschaft sammelte er Spielzeug ein. All die Spenden brachte der Polizeibeamte in ein Obdachlosenheim im

Spenden an die Tafel

Für Menschen, die in Armut leben, gibt es in Deutschland die sogenannte Tafel. Die Tafeln freuen sich über jede noch so kleine Spende. Und in manchen Supermärkten gibt es immer wieder vorgepackte Tüten mit Lebensmitteln, für die man fünf Euro bezahlt und die direkt an die Tafeln weitergeleitet werden.

Stadtteil Brooklyn, um sie auf einen großen Gabentisch zu legen und damit den dort untergebrachten Kindern eine Freude zu machen. Denn wie sich das Leben als Kind verarmter Eltern ohne eigene Wohnung anfühlt, das konnte Carlos Ramos gut nachvollziehen. Als Junge lebte er selbst in so einer Unterkurft in Manhattan. In einem Interview sagte er, er sei verzweifelt gewesen – bis ihm jemand an Weihnachten einen Basketball geschenkt und ihm damit Hoffnung für die Zukunft gegeben habe.

Mats Hummels als Weihnachtsmann

Und um Hoffnung und Zuversicht geht es auch Rudi Tausend. Der Rentner aus Schwaben ist Vorsitzender eines FC-Bayern-Fanclubs und sammelt seit mehr als 20 Jahren Spielwaren und Sachspenden ein, um sie immer an Weihnachten auf der Kinderkrebsstation der Augsburger Uniklinik zu verteilen. Für sein großes Engagement bedankte sich der FC Bayern: Rudi wurde einmal von einem Weihnachtsmann abgeholt und nach München zur Arena gefahren. Kurz vor der Ankunft setzte der Fahrer Bart und Mütze ab – und gab sich zu erkennen als FC-Bayern-Spieler Mats Hummels.

Mats Hummels

Ist der Weihnachtsmann verheiratet?

23

So berühmt der Weihnachtsmann auch sein mag, so wenig
wissen wir über ihn – vor
allem sein Familienleben
kennen wir überhaupt nicht. Darum
mal gefragt: Ist er verheiratet?
Gibt es eine Weihnachtsfrau?

Der Heilige Nikolaus? Natürlich ledig

Geht es nach der christlichen Lehre
um den Heiligen Nikolaus von Myra,
dann hatte er als Bischof natürlich
keine Ehefrau. Beim in den USA
Santa Claus genannten Weihnachtsmann ist das schon etwas anders.
Bereits in der Mitte des 19. Jahrhunderts gab es erste Mutmaßungen zu
seinem Familienstatus –und starke
Indizien, dass er eben nicht als Single
lebt, sondern in glücklicher Ehe.
Erstmals namentlich erwähnt wurde
eine Mrs. Claus 1851 im »Yale Literary
Magazine«, dem heute ältesten
Studentenmagazin der Vereinigten
Staaten. In einer Geschichte taucht
der als »fröhlich und dick«
beschriebene Weihnachtsmann auf
einer Christmas Party auf. »Seine
Kleidung war unglaublich prachtvoll.
Er hatte sich fein herausgeputzt,
aber wir können davon ausgehen,
dass ihm Mrs. Claus dabei sicher
geholfen hat.«

Von einer Frau ist 1878 auch im Kinder-
buch »Lill in Santa Claus Land«die
Rede. Dabei blickt der Weihnachtsmann vom Homeoffice aus durch sein
großes Teleskop, um zu erfahren,
wie artig die Kinder waren. Big Santa
is watching you. Währenddessen bittet
er die Dame neben sich, in einem
großen Buch Beurteilungen über
die Kinder festzuhalten. Ob die Frau
dabei seine Gattin oder seine
Sekretärin war, blieb offen.

Rentierschlitten? Mrs. Claus nimmt den Hubschrauber

Im 20. Jahrhundert wurde Frau
Weihnachtsmann immer wieder zur
Hauptfigur von Kinderbüchern. Etwa
1963 in der Erzählung »Wie Mrs. Santa
Claus Weihnachten rettete« von
Phyllis McGinley. Ganz allgemein
erfüllen Herr und Frau Weihnachts-
mann in der Literatur meist ein sehr

In the air tonight
Rentiere? Wie altmodisch.
Die moderne Weihnachtsfrau
fliegt mit dem Hubschrauber.

altmodisches Rollenbild. Er geht zur Arbeit (und das auch nur einmal im Jahr) und legt ansonsten faul die Füße hoch, während sie sich zu Hause alleine um den Haushalt kümmert. Erst in jüngerer Zeit änderte sich das Image ein wenig. In dem polnischen Film »David und die Weihnachtselfen« (2021) etwa ist die Weihnachtsfrau eine emanzipierte und selbstbewusste Persönlichkeit, die ihren Mann zu einem gesünderen Lebenswandel drängt. In einem Werbefilm der englischen Kaufhauskette Marks & Spencer von 2016 ist Mrs. Claus die eigentliche Heldin. Während der Mann wie immer mit den Rentieren durch den Himmel fliegt, ist seine lässig-moderne Frau per Helikopter unterwegs und erfüllt Last-minute-Wünsche. Also lohnt es sich, nicht nur nach einem Schlitten Ausschau zu halten. Sondern auch nach einem Hubschrauber.

24

Wie feiert
die Welt
Weihnachten?

Weihnachten, das hat auch viel mit Tradition zu tun. Wichtig ist vielen Menschen, dass alles ist wie immer, dass man genauso feiert wie in den vergangenen Jahren und Jahrzehnten. Solche Weihnachtsgewohnheiten gibt es überall auf der Welt. Und fast überall wird auf andere Art gefeiert.

Bescherung am 25. Dezember

Unsere Reise beginnt in den USA. Dort ist es üblich, an Heiligabend, dem Christmas Eve, einen Truthahn aufzutischen. Mit dem Auspacken der Geschenke müssen sich die Kinder gedulden, schließlich werden die erst in der folgenden Nacht durch den Weihnachtsmann geliefert. Am Morgen des 25. Dezember ist dann endlich Bescherung. In Mexiko beginnt die richtige Weihnachtszeit am 16. Dezember mit dem Auftakt der »Posadas« (spanisch für: Unterkunft), es geht um die Herbergssuche

von Maria und Josef. Jeder der neun Tage bis Weihnachten symbolisiert einen Monat von Marias Schwangerschaft. Dabei werden die in Mittelamerika beliebten Piñatas aufgehängt, bunt gestaltete Figuren, die mit Früchten und Süßigkeiten befüllt sind. Mit verbundenen Augen schlagen die Kinder dann auf die Piñata ein, bis sie zerbricht.

Das Lichterfest in Indien

In Südamerika wie auch in Australien und Neuseeland wird Weihnachten gerne in T-Shirts gefeiert, bei mehr als 30 Grad und einer Gartenparty samt Barbecue am Swimmingpool. Denn auf der Südhalbkugel der Erde herrscht Ende Dezember ja Hochsommer. Weihnachten ist auch in Indien offizieller Feiertag, und das, obwohl nur etwas mehr als zwei Prozent der Bevölkerung Christen sind. Das Fest heißt »Bada din« (Der große Tag),

Höhepunkt ist ein gemeinsames Familienessen am 25. Dezember. Für die meisten Menschen in Indien ist natürlich das hinduistische »Diwali« viel wichtiger: ein mehrtägiges Lichterfest, das Mitte November gefeiert wird und bei dem man sich auch gegenseitig beschenkt.

Der Neujahrsmann zum Jahreswechsel

Auch in der Türkei findet man im Dezember viele mit Kugeln und Lametta geschmückte Nadelbäume und Menschen, die mit weißen Bärten und rotem Gewand durch die Straßen laufen – allerdings nicht, weil sie im mehrheitlich muslimischen Land Weihnachten feiern. Dort begeht man das Neujahrsfest. Geschenke gibt es unter dem Neujahrsbaum am 31. Dezember, und der Mann mit Zipfelmütze ist eben der Neujahrsmann, genannt der Noel Baba.

Tanzen und Trommeln

In Afrika unterscheiden sich die Feierlichkeiten von Land zu Land. In Äthiopien etwa wird erst am 7. Januar gefeiert. Dann heißt es: »Melkam Genna«. Frohe Weihnachten. Das Fest markiert das Ende einer 43-tägigen Fastenzeit, in der tierische Produkte wie Fleisch, Eier und Milch tabu sind. Zur Feier des Tages gibt es das Nationalgericht Doro Wot, einen scharfen Hähnchen-Eintopf. In Ghana oder Nigeria hingegen wird wie bei uns an den Tagen vom 24. bis 26. Dezember gefeiert, ein Höhepunkt ist der Besuch der Christmette. Dort wird in den Kirchen dann gesungen, getanzt und getrommelt. Eine immer sehr fröhliche und lebensbejahende Feierlichkeit. In jedem Fall keine stille Nacht.

24

»Und seine rote Nase ...«

Habt Ihr die Geschichte von Rudolph vom 11. Dezember gelesen? Und möchtest du das Lied gerne mal singen? Na bitte sehr, hier ist der Text dazu.

Wollen wir zusammen singen?

War einst ein kleines Rentier
Rudolph wurde es genannt
Und seine rote Nase
War im ganzen Land bekannt

Sie leuchtet nachts im Dunkeln
Heller noch als jeder Stern
Trotzdem war Rudolph traurig
Denn nicht einer hatt' ihn gern

Dann an einem Nebeltag
Kam der Weihnachtsmann
Rudolph, zeige mir den Weg
Führ den Schlitten sicher an!

Nun hat er viele Freunde
Überall ist er beliebt
Weil es nur einen Rudolph
Mit 'ner roten Nase gibt

Lala lala lala la
Lala lala la la
Lala lala lala la
Lala lala la la

Dann an einem Nebeltag
Kam der Weihnachtsmann
Rudolph, zeige mir den Weg
Führ' den Schlitten sicher an!

Nun hat er viele Freunde
Überall ist er beliebt
Weil es nur einen Rudolph
Mit 'ner roten Nase gibt

War einst ein kleines Rentier
Rudolph wurde es genannt
Und seine rote Nase
War im ganzen Land bekannt

Bildnachweis

Archiv Tessloff: Vorwort, Tür 7, Tür 8(Schneemann Illustr.), Tür 3(Lametta Illustr.), Tür 5(Plätzchen Illustr.), Tür 6(Weihnachtsmützen Illustr.), Tür 9(Geschenk Illustr.), Tür 11(Rentier Illustr.), Tür 13(Lupe), Tür 15(ISS), Tür 16 (Truthahn,Konfetti), Tür 18(Dagobert Illustr.), Tür 21(Schild Illustr.), Tür 23(Hubschr., Haus Illustr.);
NASA: Tür 15 (Astronauten: NASA/Public Domain);
picture alliance: Tür 2 (Post v. Christkind: dpa/Rolf Vennenbernd), Tür 2 (Postkasten: dpa/Oliver Berg), Tür 2 (Kartons m. Briefen: Foto Huebner), Tür 3 (Lametta: N. Hochheimer/CHROMORANGE), Tür 3 (Apfelschmuck: Alla08), Tür 5 (Hunde-Weihnachtsmarkt: dpa/Uli Deck), Tür 8 (Gewürzgurken: ZB/Ralf Hirschberger), Tür 10 (Span. Weihnachtsgebäck: Food Collection/Teubner Foodfoto), Tür 11 (May:AP Images/Edward Kitch), Tür 13 (Histor. Weihnachtskarte: Associated Press/LM Otero), Tür 15 (Erdball: ZUMAPRESS.com/NASA), Tür 16 (Schild: imageBROKER/Michaela Begsteiger), Tür 16 (O. Cromwell: Heritage Images/© Fine Art Images), Tür 16 (Gemälde: Heritage Images/Fine Art Images), Tür 17 (Bergen Weihnachtsmarkt: NTB scanpix/Hommedal, Marit), Tür 18 (Comic Museum:dpa/Nicolas Armer), Tür 18 (Barks&Fuchs:dpa/DB Egmont Ehapa Verlag), Tür 19 (Weihnachtsinsel-Krabbe:Daniela Dirscherl/WaterFrame), Tür 19 (Krabbe auf Straße:Reinhard Dirscherl), Tür 20 (Platz3:dpa/Daniel Karmann), Tür 21 (Schild:blickwinkel/S. Ziese), Tür 21 (Hinweisschild:dpa/Thomas Warnack), Tür 22 (Hummels:DeFodi Images/Marco Steinbrenner), Tür 22 (Festmahl:Sueddeutsche Zeitung Photo/Haas, Robert), Tür 23 (Weihnachtsbrief:Bildagentur-online/Tetra Images), Tür 24 (Diwali Fest:dpa/Raminder Pal Singh), Tür 24 (Feuerwerk:AP Photo/AMAN SHARMA), Tür 24 (Trommeln:Godong/Philippe Lissac);
Shutterstock: Tür 1 (Christbaum: Didecs), Tür 1 (Baum sägen: gpointstudio), Tür 1 (Adam u. Eva: 90Mighty06), Tür 1 (Lorbeer: Dionisvera), Tür 2 (Santa Claus Village: Roman Babakin), Tür 3 (Papier-Weihnachtsschmuck: Netrun78), Tür 4 (Walnuss: corners74), Tür 4 (Krippenfiguren: Annamaria Zappatore), Tür 4 (Dreikönigenschrein: Mikhail Markovskiy), Tür 4 (Krippe m. Dach: fotoknips), Tür 4 (Ochse: LFRabanedo), Tür 4 (Esel: Helga Madajova), Tür 4 (Caspr, Melchior, Balthasar: Gelpi), Tür 5 (Weihnachtsmarkt Annaberg-Buchholz: mapman), Tür 5 (Striezelmarkt Dresden: Wirestock Creators), Tür 5 (Weihnachtsmarkt Tokyo: kkb3), Tür 5 (Bratwurstbrötchen: stockcreations), Tür 6 (Weihnachtsmann m. Paket: Ground Picture), Tür 6 (Weihnachtsmann m. Kind: Tyler Olson), Tür 7 (Berghütte: El Gavilan), Tür 7 (Single: Ralf Liebhold), Tür 8 (Gurke im Baum: Julija Ogrodowski), Tür 8 (Burger im Baum: Iv-olga), Tür 8 (Gurke Weihnachtsschmuck: Sahara Prince), Tür 9 (Holzklotz vor Tür: Artfotografydvc), Tür 9 (Tio de Nadal Freisteller: Olja Reven), Tür 9 (Lotterie: Oscar Gonzalez Fuentes), Tür 10 (Plätzchenteller: A_Lein), Tür 10 (Rührschüssel: Ahanov Michael), Tür 10 (Teig kneten: La corneja artesana), Tür 10 (Vanillekipferl Backblech: Travino D. Cordova), Tür 10 (Vanillekipferl:Gyuszko-Photo), Tür 11 (Gehäkeltes Rentier:Maya Shustov), Tür 11 (Rentier:Pav-Pro Photography Ltd), Tür 12 (Schild Trollskogen: LylaZeus), Tür 12 (Laterne: AerialVision_it), Tür 12 (Boots: Ukki Studio), Tür 12 (Island: Michal Durinik), Tür 12 (Schild: Ingvar Tjostheim), Tür 13 (Karte Frohes Fest:beanimages), Tür 13 (Karte Baum:Marish), Tür 13 (Karte Weihnachtsmann:Daria Voskoboeva), Tür 13 (Karte Geschenke: Marish), Tür 13 (Karte Hg. Bäume: Ardea Studio), Tür 14 (Dresden: mapman), Tür 14 (Butter:AtlasStudio), Tür 14 (Stollen:Anna_Pustynnikova), Tür 14 (Stollen u. Zimtstange:Fotoflow), Tür 10 (Backpapier: showcake), Tür 15 (Weihnachtsmuetze:Dmitry Rukhlenko), Tür 22 (Weihnachtsmuetze:Dmitry Rukhlenko), Tür 15 (Satellitenbild:NicoElNino), Tür 17 (Lebkuchenhaus:Katerina Morozova), Tür 17 (Lebkuchenhaus u. Weihnachtsmann:insemar.vector.art), Tür 17 (Miniaturstadt:Inspired By Maps), Tür 20 (Kinder m. Rollerblades:Sergey Novikov), Tür 20 (Platz1:Sergey Novikov), Tür 20 (Platz2:Quality Stock Arts), Tür 20 (Platz4:rocharibeiro), Tür 20 (Platz5:Mike Flippo), Tür 21 (Bethlehem:majeczka), Tür 22 (Spenden:Veja), Tür 22 (Geschenke:Beata Becla), Tür 23 (Figuren:Antonio Gravante), Tür 24 (Pinata: Pixel-Shot), Tür 24 (Truthahnessen:Monkey Business Images), Lied-Seite/Rentier (Lillian Tveit), Lied-Seite/Winterlandschaft (Alones), 1 (Lebkuchenhaus u. Weihnachtsmann: insemar.vector.art), 1 (Tannenzweige: radionastya), 1 (Handschuhe: Viktorija Reuta);
Wikipedia: Tür 7 (CC BY-SA 4.0 Deed/ XanonymusX), Tür 13 (H. Cole:Public Domain),

Umschlagfotos: Shutterstock: U1 (Lebkuchenhaus u. Weihnachtsmann: insemar.vector.art), U1 und U4 (Tannenzweige: radionastya), U1 (Handschuhe: Viktorija Reuta), U1 (Eichhörnchen: nelik), U1 (Nüsse: MasterQ)

Gestaltung: Tessloff Verlag

Copyright © 2024 TESSLOFF VERLAG, Burgschmietstraße 2–4, 90419 Nürnberg
www.tessloff.com

ISBN 978-3-7886-7651-3